BENOIT MARCHON

MW01708062

Dans le monde, il y a...

GALLIMARD JEUNESSE GIBOULÉES

Dans le monde, il y a des petites bêtes qui volent,
qui courent, qui rampent, qui piquent, qui grattent.

Il y a des chats très doux et des chiens très fous.

Il y a de grosses bêtes tristes derrière des barreaux.

Dans le monde, il y a des amoureux qui s'enlacent et qui s'embrassent.

Il y a des gens très vieux qui rient.

Il y a des enfants qui jouent avec des boîtes de conserve.

Il y a des nuits mystérieuses qui font un peu peur.

Il y a d'énormes poissons qui mangent de gros poissons qui mangent de moyens poissons qui mangent de petits poissons qui mangent de minuscules poissons.

Dans le monde, il y a de très très hautes montagnes qui chatouillent le ciel.

Il y a des nuages en forme d'éléphant, de chaussure, de guitare, de fantôme, de maison, de papillon, et cetera.

Il y a des paysages de neige qui font comme de grandes pages blanches.

Il y a des nuits sans lune qui font comme de grandes pages noires.

Il y a des arbres qui dansent doucement dans le vent.

Dans le monde, il y a des ronfleurs, des bâilleurs,
des roteurs, des péteurs, des enrhumés, des énervés...

Il y a des oiseaux rigolos qui, par milliers, colorient le ciel.

Il y a des musiques qui rendent gais des jours tristes.

Il y a des gens qui vivent presque tout nus...

d’autres qui portent des habits de toutes les couleurs...

d'autres encore, des habits tout gris ou tout noirs.

Dans le monde, il y a des tout petits,
des très grands, des très gros, des tout maigres.

Il y a des villes géantes où les gens s'entassent comme des sardines.

Il y a des forêts inconnues où les arbres sont serrés comme des sardines.

Il y a des gens qui font la guerre.

Il y a des gens qui font la paix.

Il y a des morts qu'on enterre en priant.

Il y a des milliards et des milliards et des milliards
et des milliards d'étoiles dans le ciel infini.

Dans le monde, il y a des enfants qu'on oblige à travailler.

Il y a des écoliers qui chantent.

Il y a des malades qui pleurent.

Il y a des rois très riches qui jouent
à cache-cache tout seuls dans leur immense palais.

Dans le monde, il y a des artistes qui rendent la vie plus belle.

Il y a des jardiniers qui inventent des fleurs nouvelles.

Il y a des gens qui se parlent d'un bout à l'autre
de la terre grâce au téléphone et à internet.

Dans le monde, il y a des usines qui crachent des fumées sales.

Il y a des savants qui inventent des machines qui améliorent le monde...

et d'autres qui inventent des machines qui abîment le monde.

Dans le monde, il y a des bébés qui ont faim.

Il y a des monuments très vieux qui racontent la très longue,
très belle et très horrible histoire des hommes.

Il y a la mer, immense et belle,
que l'on prend trop souvent pour une poubelle.

Et puis, dans le monde,
il y a des millions d'autres misères
et des millions d'autres merveilles...

Et puis, dans le monde,
il y a toi

ou toi

ou toi

ou toi

ou toi

ou toi

ou toi

Toi qui découvres le monde...